Vente du Mardi 11 Février 1868

—

OBJETS D'ART

ET DE

CURIOSITÉ

PROVENANT EN PARTIE DE

La Collection de M. ESCRIBANO

———

Exposition publique le Lundi 10 Février 1868.

———

Mᵉ CHARLES PILLET, | M. MANNHEIM,
COMMISSAIRE-PRISEUR | EXPERT

1868

CATALOGUE

D'OBJETS D'ART

ET DE CURIOSITÉ

Beaux Meubles-Cabinets plaqués en écaille et autres en ébène et ivoire ;
Oratoire en bois sculpté et doré, dit d'*Isabelle la Catholique* ;
Très-belles Boiseries de salon du temps de Louis XIV, Louis XV et Louis XVI ;
Torchères ; petit Lustre en cristal de roche ;
Faïences italiennes ; Porcelaines diverses ; Cristaux de roche pour Lustre ;
Sculptures diverses ; Panneaux en vernis de Martin ;
Quelques **Tableaux**, dont quatre beaux et grands Dessus de porte
par Hubert Robert.

Provenant en partie de la Collection de M. ESCRIBANO

ET DONT LA VENTE AURA LIEU

HOTEL DROUOT, Salle N° 2

Le Mardi 11 Février 1868

A DEUX HEURES.

Par le ministère de M° **Charles PILLET**, Commissaire-Priseur,
11, rue de Choiseul,

Assisté de M. **Charles MANNHEIM**, Expert, 7, rue Saint-Georges.

Chez lesquels se distribue le Catalogue.

EXPOSITION PUBLIQUE

Le Lundi 10 Février 1868, de une heure à cinq heures.

CONDITIONS DE LA VENTE

Elle sera faite au comptant.

Les adjudicataires payeront *cinq pour cent* en sus des enchères.

L'exposition mettant le public à même de se rendre compte de
l'état des objets, il ne sera admis aucune réclamation une fois
l'adjudication prononcée.

———

Nota. — A partir du 15 avril prochain, l'étude de Mᵉ Charles
Pillet sera transférée de la rue de Choiseul, 11, à la rue Grange-
Batelière, 10.

66. — Paris Imprimerie de Pillet fils aîné, rue des Grands-Augustins, 5.

DÉSIGNATION DES OBJETS

Meubles

1 — Très-beau meuble ou oratoire, fermant à deux portes
en bois sculpté et doré, rehaussé de très-fines gravures
sur fond d'or et sur fonds blanc et noir alternés. L'intérieur de forme monumentale est enrichi de colonnettes
et d'ornements sculptés.

Ce meuble, de la plus grande richesse de décor et qui
a appartenu, dit-on, à Isabelle la catholique, mérite de
fixer l'attention des amateurs.

2 — Très-beau meuble cabinet, entièrement couvert à l'ex-
térieur d'une très-fine marqueterie de bois de couleurs, à
figures, monuments, oiseaux et animaux.

Ce meuble ouvre à deux portes et présente à l'intérieur
une façade de monument très-richement orné de colonnettes, figurines, consoles, etc., en bois sculpté avec parties incrustées de bois de couleurs.

Il renferme un grand nombre de tiroirs, ouvrant à se-
cret et il a conservé ses garnitures en fer finement gravé
et doré. Travail espagnol de la fin du xvi\u1d49 siècle.

3 — Beau cabinet à deux portes et tiroirs en bois d'ébène,
enrichi d'incrustations d'ivoire gravé. L'intérieur, riche-
ment orné, représente l'histoire de la chaste Suzanne.
xvie siècle.

4 — Autre cabinet en bois d'ébène, incrusté d'ivoire et fermant à deux portes.

L'intérieur présente deux portes et un tiroir, orné de
colonnettes d'ivoire et de plaques gravées à figures. Même
époque.

5 — Meuble cabinet, enrichi de fines incrustations d'ivoire
et de bois de couleurs à rosaces et ornements. xvie siècle.

Table support à colonnettes tournées.

6 — Cabinet de style mauresque, enrichi de quantité de colonnettes torses en ivoire et d'incrustations d'ivoire et
d'ébène sur bois rehaussé d'or.

Il repose sur un meuble en bois sculpté à portes et tiroirs. xvie siècle.

7 — Cabinet analogue à celui qui précède, mais plus riche.
Celui-ci repose sur une table en bois sculpté, ornée de colonnettes et de figurines.

Ce meuble a conservé ses ferrures dorées de l'époque et
il porte les armoiries du comte de Luna.

8 — Petit cabinet de forme oblongue, fermant à une porte
en bois d'ébène, enrichi de plaques d'ivoire gravé à figures et ornements. xvie siècle.

9 — Grand et beau cabinet plaqué en écaille. La partie centrale de forme monumentale est ornée de colonnes torses

et le meuble est enrichi dans toutes ses parties d'ornements de bronze doré. Il repose sur une table à pieds
tournés, dont le dessus est garni de velours rouge.

10 — Cabinet analogue à celui qui précède. La porte centrale
représente Hercule étouffant le lion de Némée, en bronze
doré. La table n'est pas garnie de velours.

11 — Grand cabinet plaqué en écaille, orné de colonnettes
plaquées de même et sumonté d'une galerie à balustres
en bronze doré. La table en bois noir est garnie d'une
frise d'ornements en cuivre doré, découpé à jour.

12 — Autre cabinet plaqué en écaille et à moulures en bois
noir, orné de colonnettes et enrichi de figurines et d'ornements en bronze doré. La niche centrale offre une
figure de Mercure debout. Table à six pieds à colonnes
torses en bois noir.

13 — Très-grand cabinet de forme architecturale, plaqué en
écaille et moulures en bois noir, garni de bronzes dorés.
Table à pieds tournés en bois noir et dessus de velours
rouge.

14 — Cabinet analogue plus petit et incrusté de filets de
cuivre. La niche centrale présente une figure de Minerve
debout en bronze. Table en bois noir à pieds tournés et
garnie en velours rouge.

15 — Très-grand cabinet, plaqué en écaille à colonnettes
torses et garni de bronzes dorés. La partie supérieure du
meuble est ornée d'une galerie en cuivre doré, découpé à
jour. La table à pieds tournés est enrichie d'une frise
d'ornements en cuivre découpé.

Comme les meubles qui précèdent, celui-ci renferme
un grand nombre de tiroirs.

16 — Très-grand meuble en bois noir à moulures et colonnes
torses, garni de belles peintures sur verre, attribuées à
Luca Giordano et représentant des sujets de l'Ancien et
du Nouveau Testament. Table à six colonnes torses en bois
noir.

17 — Horloge en forme de colonne sur socle carré, renfer-
mant un jeu d'orgue. Elle est en bois sculpté, doré en
partie avec figures bronzées sur fond rehaussé de blanc.

Elle a appartenu au Prince de la Paix.

18 — Pendule en corne verte, garnie de bronzes. Époque
Louis XV.

19 — Horloge de forme carrée à mouvement visible, reposant
sur un socle carré en bois d'acajou et bois de citron,
garni de bronzes dorés. Travail espagnol du temps de
Louis XVI.

20 — Grande pendule en bois de placage et colonnes déta-
chées, garnie de bronze doré et mouvement à grande son-
nerie. Travail italien du temps de Louis XV.

21 — Coffre à couvercle bombé et porte à abattant avec tiroirs
à l'intérieur.

22 — Petit meuble à une porte en marqueterie de bois de rose
à fleurs, garni de bronzes et dessus de marbre.

23 — Dessus de guéridon, fond noir, orné de peintures et
de gravures sur os, par Torry, élève de Braziani. Les vues
sont prises sur le Serchio, près de Luques.

24-25 — Quatre torchères en bois sculpté doré et peint, formées de figures debout, grandeur deux tiers nature, sur socles dorés. Elles seront vendues par paire.

26 — Table en bois noir sur pieds à colonnes torses ; le dessus est enrichi d'appliques en argent repoussé, à figures, bustes et ornements.

Boiseries de Salon et Sculptures diverses

27 — Six beaux panneaux en bois sculpté , à ornements, figures et armoiries. L'un d'eux porte la date de 1537. ·

28 — Jolie boiserie de salon du temps de Louis XVI, en bois sculpté et doré sur fond blanc. Quatre panneaux sont enrichis de médaillons ovales, peints à l'huile, représentant des sujets mythologiques.

29 — Boiserie de salon du temps de Louis XIV, en bois sculpté et peint en blanc.

30 — Boiserie de salon du temps de Louis XVI, en bois sculpté, peint en blanc et rehaussé d'or.

31 — Quatre panneaux Louis XV, en bois sculpté, peint en blanc et rehaussé d'or.

32 — Haut-relief en bois sculpté, peint et doré. — L'adoration des Rois mages. Ouvrage du commencement du XVIe siècle.

33   Haut-relief en bois sculpté, peint et doré. — Le Sacrifice d'Abraham ; dans un cadre de forme monumentale doré. xvie siècle.

34 — Petit bas-relief en bois sculpté, peint et doré. La Vierge et l'Enfant-Jésus. xviie siècle.

35 — Bas-relief en bois sculpté, représentant un trophée de musique. Époque Louis XVI.

36 — Ronde bosse. — Figure de Vierge, grandeur nature, en bois sculpté, peint et doré. La sainte Mère de Dieu tient son divin fils sur son bras gauche ; à ses pieds sont deux anges agenouillés sur des nuages. Ouvrage espagnol. xviie siècle.

37 — Chimère, formée d'une racine de bois sur socle en bois de fer sculpté. Travail chinois.

38 — Albâtre. — Saint Jean, vu à mi-corps, sur socle à consoles découpées à jour.

39 — Bustes du Christ et de la Vierge en haut-relief. Composition décorée au naturel.

40 — Bas-relief en albâtre peint, représentant la Crèche. xviie siècle.

Faïences

41 — Très-grand plat en faïence d'Urbino, représentant un repas public sur une place de Rome. Cadre en bois à moulures, doré.

42-46 — Cinq plats en faïence hispano-arabe, à décor à reflets
métalliques variés. Ils seront vendus séparément.

47 — Cinq petits vases en faïence de Delft, à décor en camaïeu
bleu.

Porcelaines

48 — Deux grandes potiches à pans, en ancienne porcelaine
du Japon, à décor en bleu, rouge et or. Elles sont garnies
de bouquets porte-lumières dorés.

49 — Deux autres potiches de mêmes porcelaine et décor.
Celles-ci ne sont pas montées.

50 — Potiche modèle balustre, en ancienne porcelaine du
Japon, décor très-riche. Monture en bronze doré.

51 — Autre potiche de même porcelaine, décorée de fleurs en
couleurs. Monture analogue.

52 — Deux vases en porcelaine tendre moderne, fond gros
bleu, décorés de frises et de médaillons d'amours, avec
encadrements d'or et rehauts de points d'émail.

53 — Coupe ovale en porcelaine dure, fond bleu turquoise et
médaillons de personnages dans le style de Watteau. Monture en bronze doré.

53 — Deux plateaux vide-poche de forme ovale, en porcelaine

tendre fond bleu turquoise et médaillons représentant des naïades. Montures en bronze.

55 — Cabaret solitaire, en porcelaine tendre fond bleu turquoise rehaussé d'or et d'émaux en relief et décoré de médaillons sujets champêtres. Il se compose d'un plateau, d'une tasse avec soucoupe et trois grandes piéces.

56 — Grande tasse forme droite, avec soucoupe, en porcelaine tendre fond rose, décorée des bustes de Richelieu, de madame de Montbazon et de madame de La Vallière, avec encadrements formés d'émaux en relief.

57 — Neuf assiettes en porcelaine dure, décorées de sujets variés, et bords à rinceaux et attributs sur fond d'or.

58 — Belle lanterne destinée à être suspendue, en bronze doré, garnie de fleurs de porcelaine émaillée en couleurs. Époque Louis XV.

59 — Suite de trois groupes et figurines, en ancienne porcelaine de Saxe et d'Allemagne, montés sur socle rocaille en bronze doré du temps de Louis XV, et garnis de bouquets à fleurs de porcelaine émaillée en couleurs.

60 — Deux petits groupes en biscuit de porcelaine : Jardinier et Jardinière.

61 — Deux statuettes en porcelaine de Saxe : Pêcheur et Amour déguisé.

62 — Deux vases jardinières en porcelaine du Japon, montés en bronze doré.

62 *bis* — Sept vases en porcelaine de Chine variés de décor. Ce lot sera divisé.

Objets variés

63 — Belle et grosse boule en cristal de roche pour lustre
Matière très-pure.

64 — Trois pyramides disposées pour lustre et composées de
pièces d'enfilage en cristal de roche.

65 — Joli lustre du temps de Louis XIII, en cuivre doré,
garni de cristaux de roche.

66 — Lot de cristaux de roche pour lustres.

67 — Médaillon rond en fer forgé et repoussé, représentant
la Vierge vue à mi-corps, tenant son divin fils assis sur ses
genoux. Travail du XVIe siècle.

Cette pièce a conservé des traces de dorure.

68 — Tableau brodé en soies de couleurs et représentant la
Vierge assise tenant son divin fils assis sur ses genoux.

69 — Petit tableau en tapisserie, représentant un chien en
arrêt, d'après Oudry.

70 — Bol en verre agatisé de Bohême, vermicellé à l'intérieur.

71 — Deux cannes, dont une à pomme en verre aventuriné
de Venise.

72 — Flissah à poignée incrustée de nacre de perle.

73 — Deux girandoles en bronze doré, garnies de boules et de pendeloques de verre.

74 — Lampe à trépied, de style antique, en bronze.

75 — Garniture de canapé en tapisserie de Beauvais à médaillons de fleurs sur fond bleu et festons de fleurs sur fond blanc.

76 — Camée sur agate à deux couches : Satyre et jeune femme assise. XVIᵉ siècle.

77 — Intaille sur cristal de roche : Vénus dans un char traîné par quatre chevaux au galop, et les douze signes du zodiaque.

78 — Médaille en bronze doré du pape Pie IX.

79 — Deux étuis en nacre de perle, du temps de Louis XV; l'un d'eux est garni en or.

80 — Plaque de corsage et pendentifs en argent doré, découpé à jour et grenats.

81 — Deux bas-reliefs en bronze, représentant des sujets mythologiques.

82 — Épingle en or, enrichie d'une très-fine sculpture sur ivoire, représentant une figure de femme debout.

83 — Deux pièces de travail oriental : fermoir en filigrane
d'argent et petite coupe en cuivre gravé et doré.

84 — Miniature ronde sur ivoire : La Fille mal gardée. Dans
un cadre en bois sculpté et doré.

85 — Deux médaillons ovales en bois sculpté, représentant des
bustes d'hommes en bas-relief.

86 — Deux pièces : plaque en jade gris gravé et repercé à
jour et portrait de femme sur cuivre.

87 — Collection d'échantillons de verre antique.

TABLEAUX

88 — Quatre beaux dessus de porte par HUBERT-ROBERT, représentant des paysages avec monuments, et placés dans
dans des boiseries de l'époque,.en bois sculpté fond blanc
et or.

89 — Trois petits panneaux ovales décorés de sujets dans le
style de Boucher, sur fond d'or.

90 — Deux panneaux carrés de décor analogue, mais plus
grands.

91 — Joli panneau en vernis de Martin, représentant la Nuit.

92 — Figure de jeune fille, peinte sur bois. École espagnole.

93 — Deux tableaux peints sur verre, représentant saint Jacques de Compostelle à la bataille de Logrono, et scène tirée de la vie de Charles-Quint. Ces tableaux portent le monogramme **V. B. L.**

Les cadres, en bois noir et moulures guillochées, sont ornés de peintures sur fond d'or, représentant des trophées d'armes et surmontés de frontons en bronze doré.

94 — Album des batailles de Napoléon Ier, par Andrea Appiani, et gravées par divers.

95 — Tabatière en racine de palmier, ornée d'une médaille antique en argent.

96 — On vendra sous ce numéro les objets omis.

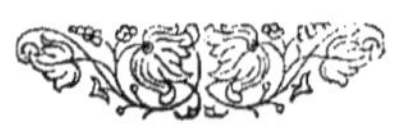